DISCOVER BERLIN

CONSUL

NISCHNIJ
NOWGOROD
JEKATERINBURG
ASCHGABAT
BISCHKEK
DUSCHANBE
MURMANSK
ST.PETERSBURG
MOSKAU
WOLGOGRAD
BAKU
TIFLIS
ERIWAN
19
20
21
TEHERAN +30
BAGDAD
ADEN
SANAA
ADDIS ABEBA
MOGADISCHU
DARESSALAM
ANTANANARIVO
KUWAIT
KABUL +30
MAURITIUS
NEW DELHI +30'
KARACHI
COLOMBO +30'

KRASNOJARSK
IRKUTSK
ULAN-BATOR
JAKUTSK
23
24
1
HANOI
BANGKOK
PHNOM PENH
JAKARTA
PEKING
SHANGHAI
MANILA
PERTH
HONGKONG
KUALA LUMPUR
SINGAPUR

GALERIA

RADIO
URKUNDE
M-5000R

DROGEN
PARALLEL SOCIE

ION!!
DATUM.

BAHNHOF POTSDAMER PLATZ

DB
BAHNHOF POTSDAMER PLATZ
SONY

STOP
CETA
TTIP

P
Pizza

KINO
FREUNDE
ERA
SED
Die Sch'tis in Paris

IMES
BROTHERS

481 433-1
4033

Allianz

THE WORLD IS
WITH IT AS
NIGHT WHEN
MICHAEL LEDERER

NOW, DO
UNTIL THAT
GAIN IS STILL

Neue Clubtarife
PIZZA PASTA SALAD
ITALIAN ICE CREAM

HOTEL

Heine

24 A
24a

adidas
adidas
adidas
ESPRIT

SANS

OUCI.

ECKPOINT CHARLIE
MAGIC
BUS
BERLIN
Private
Individue
B ST 283H

MAUERSHOP IM MAUER

Greetings
FROM
BERL
GERMAN
I Love

HOTEL

C&A

BEST

H
S Hackescher Markt
BVG

M6

SAVE • UNITY • LOVE
UNITY

FIELD
BERLIN –

MPELHOF

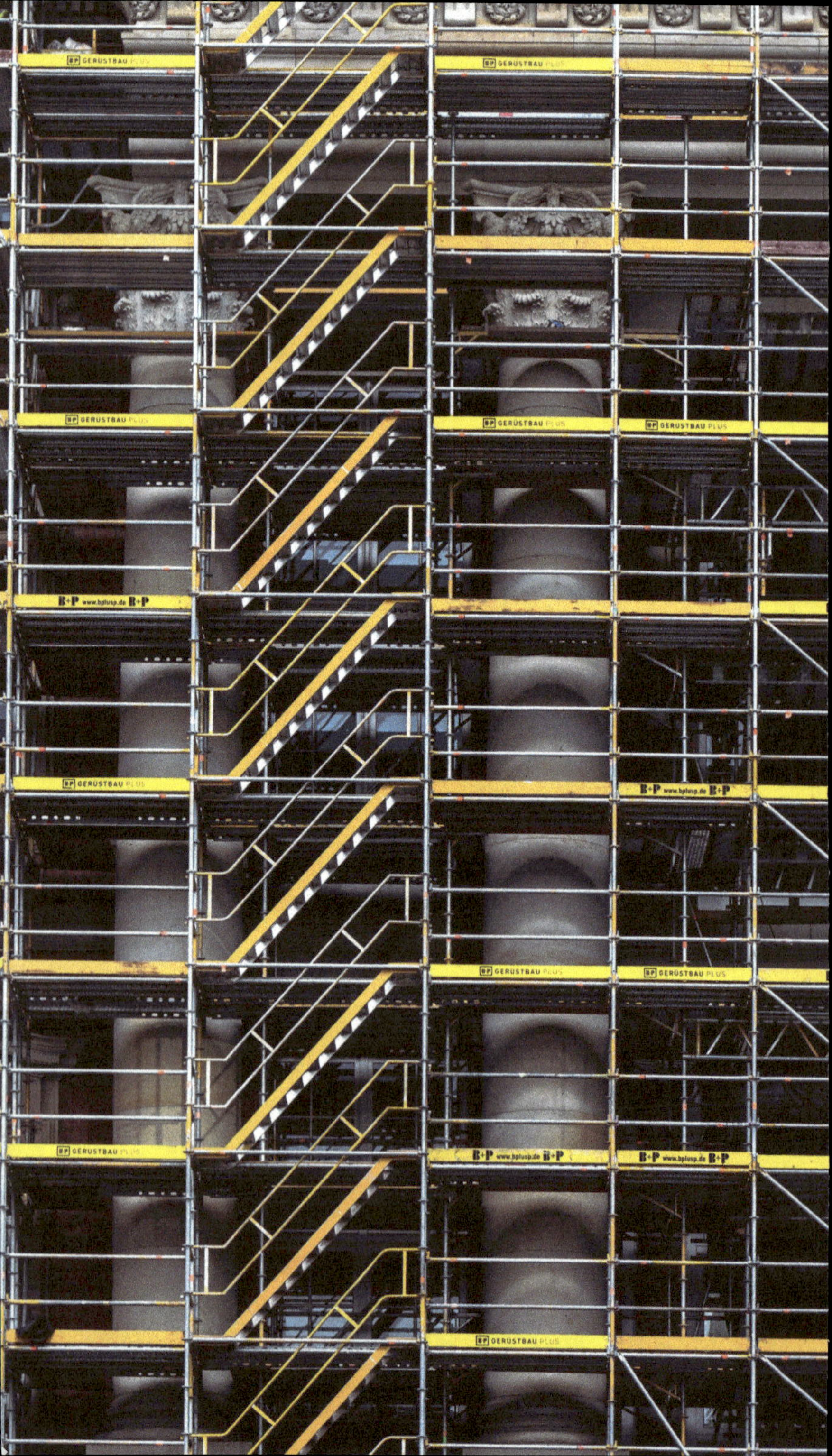
GERÜSTBAU PLUS
GERÜSTBAU PLUS
GERÜSTBAU PLUS
GERÜSTBAU PLUS
GERÜSTBAU PLUS
B+P www.bplusp.de B+P
GERÜSTBAU PLUS
B+P www.bplusp.de B+P
GERÜSTBAU PLUS
GERÜSTBAU PLUS
GERÜSTBAU PLUS
B+P www.bplusp.de B+P
B+P www.bplusp.de B+P
GERÜSTBAU PLUS

B+P www.bplusp.de B+P
GERÜSTBAU PLUS
GERÜSTBAU PLUS
GERÜSTBAU PLUS
B+P www.bplusp.de B+P
B+P www.bplusp.de B+P

Kaufland

1091-2

BTNT

KRAFTWERK
3-D

DB
BAHNHOF FR

ORICHSTRASSE
4012

U1 Warschau
U9
BUS
Uhlandstraße
Kurfürst

damm
Ausgang
auentzienstraße
Breitscheidplatz
Gedächtniskirche
Schnaps-
Leiche
mit 12!

MAUERMUSEUM THE W
POINT CHARLIE
US ARM
ERMUSEUM
CHECKPOINT CHARLIE

McDonald's
McCafé
Jüdisches Museum
TAXI
McCafé

CPSIA information can be obtained
at www.ICGtesting.com
Printed in the USA
BVHW021641300519
549687BV00013B/369/P

9 780368 837487